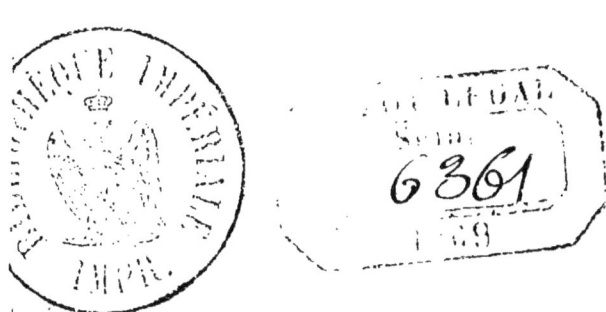

JACQUES DU LORENS

JACQUES DU LORENS

CE poëte, qui a eu la male chance de venir entre Regnier et Boileau, est-il aussi médiocre que d'aucuns l'affirment, n'offre-t-il qu'un intérêt de rareté, ou son œuvre vaut-elle par elle-même la faveur récente qui la met en vogue dans le monde des érudits ?

M. Blanchemain, l'éditeur de Ronsard, a publié sur du Lorens une notice ingénieuse et bien renseignée en tout ce qui concerne la biographie du vieux satirique, Président de Châteauneuf. Nous y renvoyons nos lecteurs. Ce que devant eux nous voulons débattre, c'est le rang que mérite d'occuper dans l'estime de nos contemporains l'un des derniers échos de notre vieille littérature.

Poëtes et poëmes ont leurs destinées. L'emplacement du champ de bataille et l'heure du combat contribuent plus qu'on ne pense au succès de la victoire et, par suite, à son retentissement. La Renommée, espèce de cyclope, n'a qu'un œil au milieu du front. Là où elle pointe son regard, immédiatement tout s'illumine ; mais ce qui reste en dehors, c'est la brume, c'est l'oubli.

Essayons de rendre justice à un homme longtemps oublié et aujourd'hui encore méconnu. De sa plume est sortie une œuvre de premier ordre, une œuvre qui a très-certainement inspiré à Molière son *Tartufe*.

En outre, il nous a légué une satire contre les femmes de beaucoup supérieure à celle où Boileau traite le même sujet.

Du Lorens, qui volontiers s'attaquait aux vices et aux travers, était doué du coup d'œil de l'observateur. Peu nous importe que les habitants du Thimerais lui aient reproché son humeur peu accommodante. S'il n'a pu, soi-disant, vivre en paix avec personne, c'est que le champ de l'observation doit s'exercer quelque part, et que, sous ce rapport, ceux qui sont portraiturés en veulent mortellement au peintre. Faire pour cela de du Lorens un faux bonhomme manque un peu de charité.

Passerons-nous davantage à M. le marquis de Gaillon d'avoir accusé du Lorens de plagiat à l'encontre de Regnier, pour quatre ou cinq malheureux vers où l'indentité de pensée peut avoir produit spontanément l'identité d'expression.

Du Lorens, disions-nous, était doué du coup d'œil de l'observateur. Il a été le Gavarni et le Daumier de son temps. Ne lui demandez que ce que donnent les eaux-fortes. De pareilles ébauches ne sont point de la gravure en taille-douce. Elles admettent des écarts, des caprices. L'ensemble de la composition y perd assurément; mais en retour, que de détails imprévus, que d'esquisses neuves, où s'illuminent et se colorent les mobiles foyers de la magique lanterne !

Ici, comme j'aurais tort de ne m'appuyer que sur moi-même, éclairons-nous du jugement que d'autres ont porté. La discussion est ouverte, et la parole est à son biographe :

« Nous nous étonnons, — dit Prosper Blanchemain,
« — que personne n'ait encore imprimé ses œuvres;
« car il abonde en traits naïfs, car il est doué d'une
« verdeur toute gauloise;... ses hémistiches empoignent
« comme des tenailles : ils emportent le morceau... »

Quelle a été l'opinion de Viollet-le-Duc, qui, nous le savons tous, ne prodigue point les éloges : « C'était un
« poëte original, brusque, bizarre parfois dans sa verve
« grossière, mais pittoresque et rempli d'images, —
« basses souvent, — mais inattendues et dignes de
« devenir proverbes. Peut-être cette apparence brutale
« répandue dans ses satires provient-elle de son éloi-
« gnement de Paris et de vivre avec des inférieurs. »

Le même homme qui nous signale Du Lorens comme plagiaire, M. de Gaillon, ne s'est point borné là. Dans un accès d'humour qui nous étonne, il ne s'est pas fait scrupule de lui marquer au front les huit lettres de sa déchéance : — « *Médiocre !* »

Mais, presque aussitôt ému de repentance, il est curieux de voir comme de lui-même il relève ce qu'il avait abattu. — Esprit fin, dont le style est à l'avenant, il se met à l'œuvre; il fait acte de miséricorde; il groupe avec infiniment d'art quantité de citations très-bien choisies. Il en advient que le déchu remonte, qu'il reprend son siége au pinacle, et que de là-haut et de plus belle il nous subjugue au miroitement de ces formes et de cette langue dont Viollet-le-Duc a si bien défini le caractère.

Il a survécu de lui deux monuments, je les invoque ; c'est là-dessus que je base toute la controverse ; deux satires, et rien de plus.

L'Hypocrite — et la Femme ; la Femme — et l'Hypocrite ; deux sujets analogues qui de tout temps ont fourni matière aux redresseurs des vices de notre espèce.

Un des plus fiers génies de l'antiquité, Juvénal, s'est colleté de pied ferme avec la Gorgone. Son poëme est prodigieux d'élévation. Chaque trait tombe juste ; mais la vérité, quoiqu'en restant la vérité, y devient surhumaine. Comme Dante est descendu aux enfers escorté du Père de l'*Énéide*, Juvénal dans un autre monde, — le cœur des femmes, — a eu pour guide un compagnon qu'il ne nomme pas : ce fut Eschyle, l'héroïque chanteur.

Et Boileau, dit-on, s'est inspiré de Juvénal ? Comment donc alors est-il parvenu à faire de cette relique du Parthénon je ne sais quelle terne et froide vignette à orner le missel d'une ou d'un Janséniste ? On y hume à pleine narine son monsieur Arnault. C'est morne, taciturne ; c'est empreint de cette religiosité cadavéreuse qui mettait la vie dans la mort et la perfection dans le néant.

Retournons vite, et dès l'heure, à notre du Lorens ; ceux qui l'ont relégué au cinquième ordre ont-ils bien relu cette satire, où il y a du Callot, du Rembrandt ?

Juvénal, avec son rictus de cyclope, a fait de son œuvre une épopée où le drame satirique se revêt du manteau d'Eschyle.

Du Lorens, le comique, n'a pu se nourrir de Molière,

qui entrait à peine dans la vie. Mais pour la satire en question, ce génie frondeur a eu de la manière du grand écrivain. Même contraction de style, même naturel. Molière descend en droite ligne de Ronsard ; du Lorens relève de la même souche. Écoutons-le, et nous le jugerons. Le voilà ; il vient découdre à un de ses collègues les *Quinze Joies du mariage* :

> Tout de bon, tu vas donc épouser la Donzelle ;
> Je ne demande pas si tu la trouves belle ;
> Ce serait, mon Ami, te faire un sot discours,
> Puisqu'il n'est, ce dit-on, point de laides amours.

Hélas ! marié lui-même, de lui-même il a réminiscence :

> Au lieu de me jeter un jour par la fenêtre,
> Je souffris que l'on mît à mon col ce chevestre ;
> C'est où je tiens encor ; d'où je puis de mon mal
> En qualité d'expert dresser procès-verbal...
> La femme que j'ai prise est une des meilleures,
> Mais toutefois elle a de si mauvaises heures...
> Elle est mélancolique et hait tout passe-temps ;
> Si parfois elle rit, c'est signe de beau temps ;
> Son humeur est fâcheuse et contraire à la mienne,
> Mais néanmoins le mal que je lui veux m'avienne...

On n'est pas plus chrétien. — Voyons jusqu'au bout ce qu'est Mme du Lorens.

> Tout ainsi qu'un prêcheur, s'il entend le métier,
> Sur trois mots de saint Luc fait un sermon entier,

Elle, sur un ruban, sur un linge, une écuelle,
Un mouchoir égaré, bâtit une querelle,
Qui commence au matin et n'achève qu'au soir ;
Mais, si je n'ai payé ce qu'on nomme devoir,
J'ai tué, j'ai volé, j'ai profané le temple...

Menu détail, qu'il est bon de connaître ; ceux qui vont en seconde noce s'en préoccupent d'un œil louche et sans rire. Je ne vois personne, hormis Rabelais, Montaigne ou du Lorens, qui à cette embuscade nous eût crié gare.

Or plus elle est pudique, et plus en est gourmande,
Prête à le demander si l'on ne lui demande ;
La Bigote en est là qu'à toute heure elle en veut,
Tellement qu'avec elle on est Jean qui ne peut.

Je ne crois pas qu'il y ait beaucoup de vers mieux venus, plus alertes, et qui disent plus gaillardement ce qu'ils veulent dire.

Distribution faite de la louange, abordons le côté critique. Excepté dans les deux satires sur lesquelles doit reposer, à notre sens, toute sa renommée, du Lorens n'est pas suffisamment maître de son sujet. Mille détails, mille aperçus pleins de séve et de relief... surabondent ; — l'unité manque, et par conséquent la clarté ; il lui arrive de débattre le pour et le contre, et au résumé de ne point conclure. Des compositions différentes y remanient les mêmes idées, renouvelant les mêmes escarmouches ;

et, un peu plus qu'il ne faut, son *moi*, son individualité revient en scène.

Il parle trop de lui, c'est vrai; toutefois ce diable d'homme y jette à plein cadre des teintes chaudes et une rondeur qui rassurent mes sympathies.

> Le malheur de tout temps me suit en toutes choses ;
> Je blesserais un homme en lui jetant des roses...
> A d'autres tout succède, ils n'ont point de rivaux,
> Un lutin fait leur lit et panse leurs chevaux...
> J'étais vraiment plus propre à vivre dans un cloître...
> Je suis blanc comme un cygne et proche du trépas ;
> Mais que j'aille à la cour ? — et que je n'irai pas ! —
> Vendre ma liberté pour un méchant dîner,
> Et de plus n'oser fuir, me voulût-on berner ;
> Cela n'est bon qu'à ceux qui font plus pour leur pance
> Qu'un chien de basteleur quand son maître le tance.

Au coin de sa toile, il translate, en un joli vers, le « *bene vixit, qui bene latuit* » des anciens, et il ajoute, en épicurien qu'il est :

> Je ne m'habille plus de peur de travailler...
> Et ce qui m'a rendu tardif à la besogne,
> C'est que je vois qu'un sot sur mes vers taille et rogne...
> Toutes fois je l'excuse, il a droit d'en médire,
> Pour ce que sans s'y voir il ne saurait les lire.

La satire IV⁰, dédiée au Roi, critique les poëtes du

temps et reproche à ceux qui font du théâtre leur manque de naturel :

> Ne travailleront-ils qu'après la comédie,
> Qu'ils traitent de haut style et non pas de moyen ;
> Représentant Renault au lieu d'un citoyen.

Très-curieuse observation, et qui devançait de deux siècles son époque. Comme dernier témoignage, et pour réhabiliter le nom du vieux rimeur, j'ai réservé son meilleur titre, ce que je serais tenté d'appeler son chef-d'œuvre. Examinons-le ; prenons au vif le *Tartufe* de du Lorens.

> S'il rit, c'est un hasard, et ne rit qu'à demi,
> C'est avec un baiser qu'il trahit son ami ;
> Plus amateur de bien que Midas ni Tantale,
> Je vous le garanty Harpie originale...
> Après ses oraisons, est-il hors de l'Église,
> A son proche voisin il trame une surprise,
> Il cajole sa femme et la prie en bigot
> De faire le péché qui fait un homme sot ;
> Encor qu'il soit tenu plus chaste qu'Hypolyte
> Il est aussi paillard, et plus, qu'un chien d'Ermite.
> Surtout habile à prendre et le temps et le lieu
> Propres à demander la pièce du milieu.

Voilà tout entier, chair et os, le Sosie du pieux Enjoleur ; seulement du côté de la Dame existe une variante :

Elle, qui le croit saint, afin de lui complaire
Et croyant mériter, le laisse humblement faire.

Sauf cette conclusion, qui n'en est peut-être que plus comique, est-il dans tout le personnage de Tartufe un trait que n'ait point indiqué cette exacte et libre peinture ? — Ce chef-d'œuvre, redisons le mot, en a enfanté un autre qui a fait l'étonnement du monde. La comédie de Molière est là — toute, — avec ses maîtresses lignes et ses plus fins détails.

Résumons-nous. On n'a point mis du Lorens où il mérite d'être ; nous en avons signalé deux satires très-belles et qui placent haut leur homme.

Moins correct et moins léché que Boileau, du Lorens, — celui-là n'est point un versificateur, — joue de l'instrument qui est bien la langue du poëte, cette mélopée instinctive, où le tric-trac du balancier de l'hémistiche ne se fait aucunement sentir, où l'outillage du mécanisme a disparu, comme le squelette de la Vénus de Milo, sous le revêtement des lignes et des contours.

Beaucoup d'écrivains du dix-septième siècle furent latins ou grecs : du Lorens a été français, a été gaulois, a été lui. Son livre, en somme, a des longueurs, des incohérences. Mais nos vieilles mœurs, naïvement peintes, y racontent leur histoire de jeux, de costumes et de soupers anacréontiques où nos Pères, joyeux banqueteurs, se désopilaient.

Néanmoins, pour connaître, apprécier le vrai du Lorens, lisez et relisez les deux premières satires; après quoi, refermez pour quelque temps le volume. Mais ces deux-là, croyez-le bien, valent, compensent à elles seules la coquette et savante réimpression de l'ouvrage tout entier.

Et, au fond du cercueil, l'ombre de du Lorens peut dormir sur les deux oreilles. De ces médiocrités, là il n'en pleut point; et leurs coquilles sont des perles.

Eug. Villemin.

MARIUS LE DOREUR

Des vieux rimeurs c'est toi qui redores les tombes.
Tes mains, avec amour, en sculptent le portail ;
La Reine Marguerite y tient son éventail,
L'œil rieur et penché sur un nid de colombes.

Sous ton fer, Marius, comme au temps des Valois,
Dentelles et fils d'or croisent leurs arabesques.
Ainsi brodait le Djin les boucliers mauresques,
Ainsi l'Elfe estampait les étendards gaulois.

Le Doreur tient son art de la fée ou du gnôme.
Des toisons du Maroc il ciselle la peau ;

*Cellini de notre âge, à son humble escabeau
Des gloires d'un grand siècle il rajeunit le dôme.*

*Architecte ignoré, — de la foule du moins, —
Comme les ouvriers faiseurs de mosaïques,
Comme nos vieux maçons, bâtisseurs héroïques,
Qui feuillageaient la nef dans la voûte et les joints,*

*Il creuse avec l'outil l'ogive, l'arc, le cercle.
On dirait qu'un Génie aux doigts de papillon
De ce brillant labour lui trace le sillon;
Et le livre flambloie orné de son couvercle.*

*Nos Poëtes, — les saints de gloires et d'amours, —
Ces reliques d'un temps que dédaignent les masses,
A notre nouveau culte auront de lui des châsses
Reluisantes d'onyx, de pourpre et de velours.*

*Le vieil amour que j'ai pour nos poudreux chefs-d'œuvre
Te doit grâce et louange, Artiste au burin d'or.*

Embaume ces débris; sauve-nous ce trésor
Qui veut des soins d'apôtre et non pas de manœuvre.

Sous ton fer, Marius, comme au temps des Valois,
Dentelles et fils d'or croisent leurs arabesques.
Ainsi brodait le Djin les boucliers mauresques,
Ainsi l'Elfe estampait les étendards gaulois.

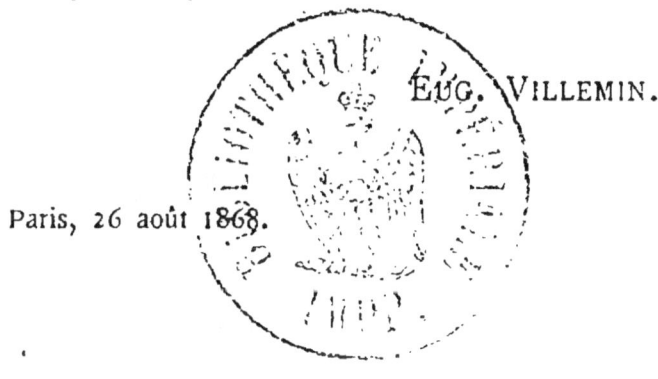

ÉUG. VILLEMIN.

Paris, 26 août 1868.

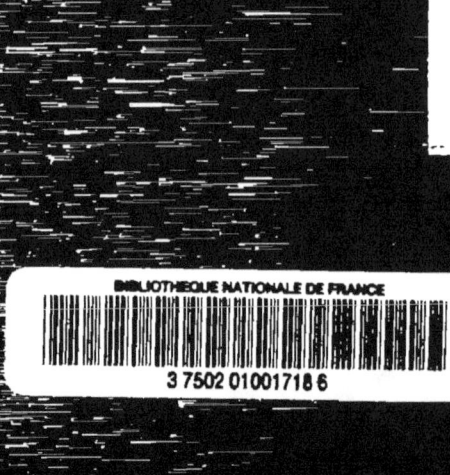

www.ingramcontent.com/pod-product-compliance
Lightning Source LLC
Chambersburg PA
CBHW070538050426
42451CB00013B/3066